Horst-Volker Krumrey

Einführung in die Tiefensoziologie

Bibliografische Information der Deutschen Nationalbibliothek: Die Deutsche Nationalbibliothek verzeichnet diese Publikation in der Deutschen Nationalbibliografie; detaillierte bibliografische Daten sind im Internet über dnb.dnb.de abrufbar.

© 2022 Horst-Volker Krumrey

Satz, Umschlaggestaltung, Herstellung und Verlag:

BoD – Books on Demand, Norderstedt

Grafik: spinspinspin/ Shutterstock.com

ISBN 978-3-7568-7617-4

Inhalt

Horst-Volker Krumrey

Einführung in die Tiefensoziologie

„Für die verzweifelten jungen Leute, die in eine
hoffnungslose Zukunft schauen und von den
zuständigen Menschenwissenschaften alleingelassen
werden. Warum?“

Einführung in die Tiefensoziologie

In der Tiefensoziologie geht es darum, einen sozialwissenschaftlichen Ansatz zu finden, der zum Ziel hat, über die heutzutage vorherrschenden oberflächlichen Ansätze hinaus in die Tiefe der Figurationen von hochkomplexen figurativ-humanen Verhältnissen vorzudringen.

Für die sozialwissenschaftlichen Oberflächlichkeiten stehen insbesondere die sogenannten „System-, Aktions- und Rollentheorien" sowie die theoriearme Verwendung von – auch kompliziert mathematisch basierten – statistischen Methoden.

Man bekommt den Eindruck, dass die Ausschließlichkeit dieser – durch die gesamte Gesellschaft und ihre männlichen und weiblichen Sozialwissenschaftler sich ziehenden – Oberflächlichkeit kognitional, materiell, relational und positional auch von Kräften gefördert und gespeist wird, die das Ziel haben, tiefgründige figurative Machtstrukturen des zwischenmenschlichen Bereichs nicht kognitiv zentral ans Licht kommen zu lassen.

Wie sonst ist es zu erklären, dass es in der kompletten Geschichte der Soziologie nicht gelungen ist, eine umfassende allgemein geltende Machttheorie zu formulieren, die empirisch beweisbar ist und der als Universalie alle humanen Individuen der Weltbevölkerung – innerhalb von allen figurativen Räumen und zu allen figurativen Zeiten – unterliegen oder unterlagen.

Karl Marx hat hierzu einen bedeutenden Schritt getan, aber leider nur einen einzigen, grundlegenden Machtfaktor, den materiellen, von sechs tatsächlich existierenden, genauer untersucht und sich danach – wohl unter dem Druck tradierter philosophischer Beweisforderungen – in eine eher für die Ökonomie als für die Soziologie brauchbare mathematisch basierte Argumentation verstiegen, wovon sich Leserinnen und Leser aller drei Bände des „Kapital" überzeugen können.

Mit Marx' unvollständiger Machttheorie ist es jedenfalls nicht möglich, das Verhalten von Stalin oder Hitler soziologisch-theoretisch zu erklären.

Marx hatte sich unter dem Eindruck der „Industriellen Revolution" mit ihren brutalen materiellen Machtverhältnissen, die nach seiner Analyse und Synthese alle Lebensformen aller sozialen Schichten bestimmten, nicht klar genug gemacht, dass auch die materiellen Machtfaktoren mit anderen

Machtfaktoren, die relativ autonom zu diesen waren, zusammenhingen, nämlich den physischen, psychischen, kognitiven, relationalen und positionalen.

Alle diese beweisbar existierenden sechs Machtquellen oder Machtfaktoren bilden einen unauflöslichen prozessualen Strukturzusammenhang und hätten in die Marx'sche Analyse und Synthese miteinfließen müssen, um diese zu einer umfassenden Machttheorie zu erweitern.

Die materiell Herrschenden müssen ihre Herrschaft auch kognitiv begründen können – für sich selbst und für die von ihnen positional Beherrschten –, wofür sie relationale Beziehungen mit von ihnen materiell und positional abhängigen weiblichen und männlichen kognitiv-ideologischen Spezialisten eingehen müssen, welche die physisch-materielle Dominanz für sie und die von ihnen Dominierten beeindruckend legitimieren können müssen.

Gibt es kognitiv zur richtigen und wirklichkeitsgerechten Analyse und Synthese befähigte Intellektuelle, wie Marx und Engels welche waren, die das materiell-physiopsychisch-positional figurativ gesicherte Machtverhältnis ändern wollen, so haben diese dazu nur die Möglichkeit, wenn sie ein langfristig erfolgreiches Konzept entwickeln, das die psychischen Befindlichkeiten der Herrschenden und der Beherrschten realistisch erfasst, und, wenn die physischen, psychischen, materiellen, relationalen und positionalen Machtchancen in einer spezifischen figurativen Konstellation dafür da sind, sowie vom Gesamtkompendium der Machtquellen her genügend figurational ausgeworfene Machtmittel figurativ-situativ zur Verfügung stehen, und die Neuerer diese auch ergreifen können. Soll er zum kognizionierten Ziel führen, so müssen die figurativen Möglichkeiten für so einen Prozess gegeben sein.

Die hier neu entwickelte und universal gültige Machttheorie ist eine Dimension der ebenfalls neu formulierten „Tiefensoziologie". Der Name Tiefensoziologie knüpft an den Namen der „Tiefenpsychologie" Sigmund Freuds an, die ebenfalls mehrdimensional aufgebaut ist und die zu ihrer Praktizierung des Analyse- und Synthesemittels der Sprache bedarf, deren Gebrauch auch für die Tiefensoziologie existenziell ist.

Eine weitere Dimension der Tiefensoziologie fußt auf dem – vom eindeutig bedeutendsten Sozialwissenschaftler des 20. Jh.s Norbert Elias – empirisch in seiner realen Existenz nachgewiesenen und theoretisch erfassten Menschenbild der „Homines Aperti", das sich zum seit jeher herrschenden falschen philosophischen Menschenbild des „Homo Clausus" in einem diametralen empirischen Gegensatz befindet. Nur wenn das Menschenbild des einzeln in sich abgeschlossenen, als „Homo Clausus" definierten Individuums in den Sozialwissenschaften eliminiert und durch das empirisch korrekte der „Homines Aperti" ersetzt wird, der Individuen, die nur als Gruppen-Individuen in Einbindung und existenzieller Abhängigkeit gruppensozialisiert aufgewachsen sind, und lebenslang gruppengeprägt, gruppengebunden und in figurativen Zusammenhängen mit einer figurativen Anzahl von Anderen als Menschen existieren können, kann die Soziologie weiterentwickelt werden, so dass sich, wenn sich genügend mutige Begabungen finden, ein möglicherweise entstehendes realistischeres Basis-Modell findet, das alle existierenden Unter-Gruppen der Basis-Gruppe der Weltbevölkerung umfasst, und das helfen könnte, die Menschheit davor zu bewahren, dass sich diese, als einzige biologische Art, durch Menschen, die anderen Menschen schaden, selbst vernichtet.

Auch eine auf einem falschen Menschenbild beruhende Sozialwissenschaft kann nicht dazu beitragen, die real drohende Menschheitsvernichtung zu verhindern.

Der in der Wirklichkeit nie existente „Homo Clausus" (eine Ideologisierung des „Freien Individuums"), der unabhängig von aller prozesshaften gruppengenetischen sprachlichen Sozialisierung aufwächst, ist eine gefährliche – wohl tiefenpsychologisch verfestigte – Fiktion, die vollkommen unempirisch, somit unwissenschaftlich fantasiert ist.

Es gibt eine Beweismöglichkeit dafür, dass die begriffliche Erfassung von Menschen als „Homines Clausi" falsch ist, und dass die gedankliche Erfassung von Menschen als Gruppenwesen, als „Homines Aperti", die richtige ist.

Die Gruppenabhängigkeit und die gruppengenetische Bestimmtheit von Individuen als Gruppen -Individuen muss als wesensmäßig psychosozial tiefgegründet genauer unter Gebrauch einer neuen Theorie sozialer Gruppen, die empirisch beweisbar ist, untersucht werden.

In meinen beiden umfangreichen empirisch-theoretischen Studien habe ich eine solche neue Gruppen-Theorie entwickelt und auch in aufwendiger Arbeit versucht zu beweisen, wovon sich Jede und Jeder selbst überzeugen können, sofern deren wissenschaftliche Wahrnehmungsfähigkeit nicht durch unzureichende, aber vorherrschende Sichtweisen falsch programmiert worden ist. Leider ist kein Protagonist innerhalb der Sozialwissenschaften zu erkennen, welcher von seiner Begabung und seinen Arbeitsergebnissen her in der Lage wäre, das Niveau von Norbert Elias zu erreichen, geschweige denn es weiterzuentwickeln.

Das trifft insbesondere auf eine Reihe von Personen und deren Kreis aus Elias' persönlichem Umfeld zu, denen er den Gebrauch eines seiner Hauptbegriffe, dem der „Figuration", vor seinem Tode verbot, weil sie von ihrem wissenschaftlichen Vermögen her nicht im Stande waren, diesen richtig zu verstehen, ihn daher falsch gebrauchten und damit letztlich diskreditierten. So wurde auch in einer „Einführung in die Soziologie" mit höherer Auflage Norbert Elias als genauso bedeutend vorgestellt, wie Soziologen, die er jahrzehntelang bekämpfte und verachtete. Der akademische Anstand müsste solchen Leuten, die ihren Mentor nach seinem Tode beschädigen, gebieten – da sie sich nicht an die Auflagen des großen Gelehrten hielten –, sich nicht mehr auf den Namen von Elias zu berufen. Die Situation des mangelhaften Begreifens der Elias'schen Wissenschaftstheorie hat sich bedauerlicherweise bis heute eher weiterhin verschlechtert.

Später ließ man das Grab von Norbert Elias für lange Zeit verwahrlosen. Ein kluger Friedhofsmitarbeiter rettete Gedenkstein und Urne (s. hierzu: Norbert Elias, Autobiographisches und Interviews. S. 373).

Was für ein sinnvolles Konzept braucht es nun aber, um die reale Existenz von Menschen als Gruppen-wesen, als Gruppen-Individuen innerhalb von Indi-viduen-Gruppen genauer zu untersuchen?

Die grundlegende Gruppenbezogenheit und basale Gruppenbestimmtheit des „Homo Sapiens" lässt sich, empirisch-analytisch und theoretisch-synthetisch zu-nächst dadurch feststellen, dass alle Menschen als „Homines Aperti" im Netz von sechs Typen sozialer Merkmals-Gruppen-Beziehungen existieren, die als überall und immer geltende soziale Universalien be-griffen werden müssen. Es sind dies:

Die „Beziehung zu sich selbst" von Individuen – be-stehend aus Unbewusstem, Vorbewusstem und Be-wusstem; die „Beziehung zwischen Älteren und Jün-geren"; die „Beziehung zwischen den Geschlechtern"; die „Beziehung zwischen Höheren und Niederen"; die „Beziehung zwischen Näherstehenden und Ferner-stehenden"; und die „Beziehung zwischen mehr und weniger sozial oder physisch Stigmatisierten".

Ich habe das Einwirken dieses Netzes aus sechs Ty-pen sozialer Beziehungen – und auch das Einwirken der Beziehungstypen untereinander – auf real existierende Gruppen-Individuen und von diesen gebildete „Merkmals-Individuen-Gruppen" in meiner ersten empirisch-theoretischen Studie umfassend untersucht und die existenzielle Bedeutung dieses Beziehungsgeflechts herausgearbeitet (s. „Entwicklungsstrukturen von Verhaltensstandarden").

Die sechs „Beziehungstypen" – in deren Netz die Gruppen-Individuen und Individuen-Gruppen auf Grund von Sozialisationsprozessen gefangen sind – haben auch lebensstrukturierende Identifikations- und Bestimmungsfunktionen.

Die Gruppen-Prozesse innerhalb des Netzwerkes der sozialen „Beziehungstypen" wirken sich auf die „Beziehungen zu sich selbst" der Gruppen-Individuen als „Homines Aperti" vom Lebensbeginn an sozialisatorisch aus, strukturieren und prägen diese im Unbewussten, Vorbewussten und Bewussten.

Schon der Baron Knigge hatte in einer früheren historischen Epoche – zur Zeit der Aufklärung – die Bedeutung der sechs Typen sozialer Beziehungen in seinem epochalen Werk „Über den Umgang mit Menschen" mit scharfem und kompetentem Blick für humane soziale Verhältnisse untersucht. Knigge, den man als frühen Sozialwissenschaftler erkennen könnte, und der insbesondere auch Machtverhältnisse im Blick hatte, ist daraufhin von den Enttarnten und deren Verschwörern massiv verhöhnt und sein Werk ins Gegenteil verkehrt und materiell ausgebeutet worden. Sein früher – noch halb vorwissenschaftlicher – Versuch, die Verhaltensweisen der im Netz der sechs nachgewiesen existenten Beziehungstypen agierenden „Gruppen-Individuen" zu analysieren und zu synthetisieren, ist im Laufe des 19. und 20. Jh.s zu einer Dienstanweisung für unterwürfiges Verhalten von Niederen gegenüber Höheren umgearbeitet worden und hat – auch wegen dem sozialen Wandel in dieser Zeit – den Ausbeutern sehr viel Geld eingespielt. Dies könnte als Abwehrverhalten gegen die aufklärerischen Absichten eines frühen gesellschaftskritischen Sozialforschers gewertet werden, der auch frühe – für seine Zeit bedeutende – Beiträge zu Pädagogik, Psychologie und Politologie verfasst hat, die den Machtmissbrauchenden weh taten und der deshalb lächerlich gemacht werden musste – ein wissenschaftlich-literarisches Vergehen, das historisch Seinesgleichen sucht.

Über das Netz der sechs „Merkmals-Gruppen-Beziehungen" hinaus sind die „Homines Aperti" in „Identitäts- und Bestimmungs-Gruppen" als weiteren „Merkmals- und Bezugs-Gruppen" verbunden.

Es sind dies: „Vertrautheits- oder Konfidenz-Gruppen"; „Überlebens- oder Subsistenz-Gruppen"; „Ethnische oder Volks-Gruppen"; „Katarrthische Gruppen"; „Überzeugungs-Gruppen"; und „Interessen-Gruppen". Die gesamte Menschheit kann als „Basis-Gruppe" begriffen werden.

Das Zusammenwirken der „Merkmals-Gruppen" im Netz der sechs unterschiedenen Typen sozialer Beziehungen innerhalb figurativer „Identitäts- und Bestimmungs-Gruppen" habe ich in meiner zweiten empirisch-theoretischen Untersuchung „Goebbels, Hitler und das Machtproblem" aufgehellt und – soweit es mit meinem Ansatz möglich war – geklärt. Der entscheidende Einfluss der einzelnen Machtfaktoren, die das Gesamt-Machtspektrum bilden, und ihres figurativen Zusammenspiels, ist in den gesamten empirisch-theoretischen Untersuchungskomplex immer als ständige Konstante miteinbezogen.

In beiden Studien konnte ich in langjähriger Arbeit die entscheidende Bedeutung der existenziellen ex tunc Integration der „Homines Aperti" in Gruppen – im Zuge von gruppen-genetischen Sozialisationsprozessen – nachweisen und diese gruppalen figurativen Beziehungsprozesse beleuchten und aufklären und somit die auf „Unabhängigen Einzelwesen" basierende – wohl unbewusst – egozentrische

Ideologie vom „Homo Clausus" empirisch als falsch nachweisen und damit als für die Sozialwissenschaften blockierend lokalisieren.

Dieser empirisch-theoretische Beweis des Elias'schen Denkansatzes zur Änderung des zentralen Menschenbildes in Philosophie, Ökonomie, Psychologie und Soziologie würde – zusammen mit der hier vorgeschlagenen Erweiterung der Marx'schen Machttheorie auf physische, psychische, kognitive, relationale und positionale Machtfaktoren – es ermöglichen, dass die – nach Norbert Elias und Max Weber – in jeder figurativen sozialen Gruppierung zu jeder figurativen Zeit in jedem figurativen sozialen Raum ablaufenden Machtprozesse genauer soziologisch untersucht und bestimmt werden könnten.

Diese prinzipiellen Möglichkeiten der Sozialwissenschaften sind unabweisbar dringend notwendig, um – vor dem Hintergrund der real drohenden Klimakatastrophe – für das Überleben der humanen „Basis-Gruppe" der Welt-Gesamtbevölkerung samt deren sämtlichen Unter-Gruppen gefährliches figuratives menschliches Verhalten – auch des geistigen Verhaltens – entlarven und in letzter Sekunde ändern zu können.

Eine philosophisch, soziologisch und ökonomisch seit langer Zeit verfestigte Theorie des Sozialen, die vom „Homo Clausus" ausgeht und das Ausleben individueller Freiheiten zentral stellt, ohne die existenzielle humane Gruppenbestimmt- und -gebundenheit – auch im Rahmen der „Basis-Gruppe" – immer und konsequent im Blick zu haben, wird letztlich durch tiefenpsychologisch fixierte Egozentrik gespeist und bahnt damit auch indirekt den Weg in die Klimakatastrophe. (Vgl. hierzu viele Wirtschaftstheorien und meinen Aufsatz „Entwurf einer machtbezogenen soziologischen Wirtschaftstheorie" [s. Lit.-Verz.] sowie die von Max Weber brillant untersuchte religiöse Prädestinationslehre.)

Damit die „Basis-Gruppe" überleben kann, muss man den „Homo-Clausus"-Anhängern im letzten Moment mit empirisch-theoretischer Beweiskraft den falschen intellektuellen Boden entziehen – wobei mit harter offener und verdeckter Gegenwehr unter Gebrauch des gesamten Spektrums der Machtfaktoren immer gerechnet werden muss.

Die bisher geschilderten – und in meinen beiden Studien untersuchten – figurativen humanen Verhaltensprozesse sind so hochkomplex, dass man ihnen mit mathematisch-statistischen, logisch-logistischen oder digitalistischen Methoden – oft von

Philosophen und Philosophinnen der Erkenntnis für allein brauchbar selbstherrlich postuliert – nicht beikommen kann. Sie sind als Untersuchungsgegenstände noch viel komplexer als die Gegenstände, die von Physik und Biologie erfasst werden.

Auch die apodiktische Festsetzung unzureichender Untersuchungsmethoden – ebenfalls durch „Homo-Clausus"-Anhänger – hat zur Blockierung der Aufklärung menschheitsbedrohender Machtprozesse beigetragen und gefährdet den Erhalt der natürlichen Lebensgrundlagen der „Basis-Gruppe".

Norbert Elias hat mit seinem Begriff der „Figuration" die Möglichkeit eröffnet, hochkomplexe und mehrdimensionale humane Verhaltensabläufe soziologisch-wissenschaftlich empirisch-theoretisch zu erforschen und damit prinzipiell aufzuklären. Hierfür ist jedoch eine fundierte Beherrschung der für diese Arbeit besonders geeigneten „Deutschen Sprache" notwendig, die besonders flexibel und ausdrucksfähig ist. Leider ist dieses für die „Tiefensoziologie" und die „Tiefenpsychologie" einzigartig wichtige Forschungsinstrument heute wegen der weitverbreiteten ideologischen Nutzbarmachung durch unbewusst getriebene machtbesessene Interessenvertreter variablen Geschlechts in Lebensgefahr – wogegen sich öffentlich alle wirklichen Sprachmeister und

-meisterinnen zur Verteidigung des historisch gewachsenen Sprachniveaus zusammengefunden haben.

Zusammenfassend gesagt: Die „Deutsche Sprache" ist für die Untersuchung hochkomplexer mehrdimensionaler humaner Verhaltensprozesse – wie ich denke, in meinen empirisch-theoretischen Studien nachgewiesen zu haben – als Untersuchungswerkzeug besonders geeignet. S. Freud hat bekannterweise mit dieser Methode die „Tiefenpsychologie" entwickelt.

Es erscheint schon seltsam unwirklich, wenn vor dem Schwurgericht ein des Mordes Verdächtiger auf Grund ausschließlich von Sprachbeweisen zum Tode verurteilt werden kann, während hochgeehrte einflussreiche Erkenntnis-Philosophen Sprachbeweise gegenüber mathematischen oder logisch-logistischen Beweisen nicht gelten lassen, wobei sie wiederum vom „Homo Clausus" ausgehen. Wer noch weiter geht und die tatsächlich vorhandene Komplexität menschlicher Verhaltensdynamik „reduzieren" muss – und damit selbst zugibt, nur oberflächliche Erkenntnisse gewinnen zu können –, ist eigentlich in der wissenschaftlichen Soziologie fehl am Platze und führt die Lernenden auf ein erkenntnisarmes totes Gleis.

Um tiefensoziologisch realitätsangemessen empirisch-theoretisch arbeiten zu können, habe ich die „Soziologische Sprachanalyse" entwickelt und in meinen beiden Studien – wie ich meine – erfolgreich angewandt und damit deren soziologische Brauchbarkeit und Legitimität nachgewiesen. Geeignete Sprachdokumente, aufgetan durch findige Empiriker, können zur Anwendung dieser methodischen Vorgehensweise systematisch ausgewählt, überzeugend gegliedert, jeweils nach geeigneten Kriterien zusammengestellt, tiefensoziologisch empirisch erfasst und die theoretischen Erkenntnisse daraus dann synthetisiert werden – alles in Anwendung der „Soziologischen Sprachanalyse".

Empirische und theoretische Aspekte sind bei dieser Arbeitsweise immer wie aus einem Guss zu sehen – als zwei Ebenen des einen Untersuchungsprozesses.

Die an dieser Herausforderung Interessierten können mittels der Lektüre meiner beiden empirisch -theoretischen Arbeiten sich in die neue Methodik einlesen.

Ein weiteres entscheidendes Konzept der „Tiefensoziologie" bildet der Begriffsbereich der „Figurationen". Der Begriff „Figuration" wurde zunächst von Elias in die Soziologie eingeführt, um den eindimensionalen, somit oberflächlichen und auch statisch-reifizierenden „System"-Begriff überflüssig zu machen.

Die Soziologie hat seit ihrer Begründung durch Auguste Comte und Karl Marx die Aufgabe, wirklich existierende, real tiefgegründete hochkomplexe, auch bewusst verdeckte und für die „Gesamt-Basis-Gruppe" der Menschheit in der Konsequenz das Überleben gefährdende Verhaltensweisen von spezifisch gruppen-sozialisierten Individuen und ihren Individuen-Gruppen ans Licht zu bringen, so dass überhaupt erst die Möglichkeit bestünde, solchen Gefährderinnen und Gefährdern das Handwerk zu legen.

Der ursprüngliche Elias'sche Begriff ist von mir im Zuge meiner eigenen empirisch-theoretischen Arbeiten erweitert worden. Er ist von entscheidender Bedeutung, weil alles menschliche und natürliche Wirken und Geschehen – sei es kurzfristig oder langfristig – prozesshaft-dynamisch hochkomplex und mehrdimensional ist, während die gegenwärtig vorherrschenden Theorien, vom „Homo Clausus" ausgehend, von oberflächlich vereinfachten und reifizierenden Ansätzen durchseucht sind. Diese können die real existierenden hochkomplex-dynamischen Mehr-Ebenen-Problematiken vom Ausgangsprinzip her schon nicht erfassen.

Der Terminus „Figuration" mit seinem Adjektiv „figurativ" ist flexibel und ermöglicht derart komplexe tiefgegründete Differenzierungen, dass er sehr gut geeignet ist, das dynamische hochkomplexe Geschehen der Abläufe humanen Fühlens, Denkens und Handelns, des Verhaltens, tiefensoziologisch zu erfassen, so dass dieses mittels der „Soziologischen Sprachanalyse" analysiert und dann theoretisch synthetisiert werden kann.

In meinen beiden Untersuchungen habe ich diese Vorgehensweise praktiziert und allen Leserinnen und Lesern zur Überprüfung vorgelegt.

Man kann natürliche und soziale „figurative Grundstrukturen", engere „figurative Konstellationen", „figurative soziale Lagen" und „figurative Situationen", innerhalb deren Rahmen sich die „Homines Aperti" bewegen und verhalten, empirisch feststellen – wobei die unfruchtbare Unterscheidung zwischen Mikro- und Makrosoziologie unbedeutend wird –, auch „figurative Umstände", „Reichweiten" und spezifische „figurative Verhaltensabläufe" erkennen sowie „figurative Zeiten" und „figurative Räume".

Der „Figurations-Begriff" ist also, um hochkomplexe und gleichzeitig dynamische tiefensoziologische Prozesse zu untersuchen, besonders geeignet und auch der Weiterentwickelung offen.

Intensiv mit der „Erweiterten Figurations-Theorie"
habe ich in meiner Studie „Goebbels, Hitler und das
Machtproblem" gearbeitet. In dieser Untersuchung
gelang es mir – auch unter Gebrauch meiner neuen
„Gruppen-Theorie" und meiner neuen „Machttheorie" – in Anwendung meiner neuen „Soziologischen
Sprachanalyse" –, die Machtmechanismen, die zur
figurativen „Machtergreifung" hochintelligenter, figurativ hochneurotischer Verbrecher dienten, weiter
aufzuklären und – aus meiner Sicht – zum dringend
notwendigen besseren Verständnis eines historisch
einmaligen Machtmissbrauchs beizutragen.

Das gesamte neue empirisch-theoretische Konzept
ist mit dieser Studie als brauch- und nutzbar zur
Untersuchung aller möglichen humanen Machtprozesse nachgewiesen worden. Nur, wenn weitere
entscheidende gegenwärtige figurative Machtmechanismen – so tiefgründig verdeckt und komplex sie
auch sein mögen – aufgedeckt und unmittelbar, in
Anwendung geeigneter Macht-Gegenmittel gestoppt
werden könnten, wäre die fast vollständige Zerstö-
rung der biologisch-geologisch-meteorologischen
Lebensgrundlagen der „Basis-Gruppe" der Gesamt-
Menschheit eventuell zu begrenzen. Die Chancen
dafür sind wohl nur gering.

<u>Zusammenfassung</u>

Die „Tiefensoziologie" stützt sich auf folgende fünf Pfeiler:

1. Das real beweisbar vorzufindende Menschenbild der „Homines Aperti" – im Gegensatz zum überkommenen verbreiteten und egozentrisch fantasierten, nicht real existenten Menschenbild des „Homo Clausus". Das letztere – falsche – Konzept liegt nach dem Urteil von Norbert Elias, dem wohl bedeutendsten Sozialwissenschaftler des 20. Jh.s, den Theorien von Max Weber, Talcott Parsons und Jürgen Habermas zu Grunde. (Elias, N., Symboltheorie. F. a. M. 2001. Suhrkamp. S. 35 f.).

Bei Max Weber gibt es einen entscheidenden Bruch zwischen der extrem liberalistischen „Handlungstheorie", die auf dem „Homo Clausus" fußt, und seinen überragend bedeutenden großen empirischen Arbeiten, in denen gruppengenetische Verhaltensprozesse im Mittelpunkt stehen. Die Handlungstheorie und die zu Recht berühmten empirischen Arbeiten stehen sich – aus Sicht der Tiefensoziologie – diametral feindlich gegenüber. Von Parsons und Habermas sind empirisch gegründete Leistungen von auch nur ansatzweise vergleichbarer Qualität nicht bekannt.

2. Die weiterentwickelte „Elias'sche Figurationstheorie“.

Elias hat den Begriff der „Figuration“ als Waffe gegen den nach seinem Urteil auf tiefgründige, mehrdimensionale und hochkomplexe soziale Verhaltensprozesse der „Homines Aperti“ nicht sinnvoll anwendbaren reifizierenden „System-Begriff“ nach Parsons und dessen Epigonen Luhmann eingeführt. Alles soziale Geschehen bei den „Homines Aperti“ ist immer dynamisch und mehrdimensional letztlich tiefgründig gruppengenetisch basiert und tiefgründig hochkomplex. Der „Figurations-Begriff“ ist dieser Realität angemessen, während der auf dem „Homo Clausus“ fußende „System-Begriff“ oberflächlich bleibt, blockierende Verwirrung stiftet und versagt.

3. Eine umfassende neue „Gruppen-Theorie“, die Merkmals-, Identifikations- und Bestimmungs -Gruppen umfasst. Diese neue „Gruppen-Theorie“ integriert auch die überkommenen Klassen- und Schicht-Theorien.

4. Eine neu entwickelte „Machttheorie“. Diese „Macht-Theorie“ umfasst alle sechs real existenten und nachweisbaren „Macht-Faktoren“ und geht damit über die Machtanalyse von Karl Marx hinaus, die sich um die materielle Macht zentriert. Mit dieser neuen erweiterten „Macht-Theorie“ kann zum

Beispiel das machtspezifische Verhalten von Hitler oder Stalin näher bestimmt und besser erklärt werden – was die singuläre Machtanalyse von Marx nicht leistet.

5. Eine neue empirische Methode: Die „Soziologische Sprachanalyse". Die Sprache ist ein Werkzeug, mit dem man tiefgründige, mehrdimensionale, hochkomplex-dynamische gruppen-genetische humane Verhaltensabläufe untersuchen und auch beweiskräftig aufklären kann. Schließlich wird sie ständig in Gerichtsprozessen in mündlicher und schriftlicher Form als entscheidendes Beweismittel für die Verhängung schwerster Körper- und Freiheitsstrafen über Menschen benutzt. Warum soll sie dann nicht innerhalb soziologischer und psychologischer empirischer Untersuchungen – von kompetenten Fachleuten gebraucht – beweisrelevant sein? Sigmund Freud sah das genauso. Die „Soziologische Sprachanalyse" ist ein entscheidendes Werkzeug da, wo mathematisch-statistische, logisch-logistische und digitale Untersuchungsmethoden vor der dynamisch-tiefgründigen, mehrdimensionalen Hochkomplexität gruppengenetisch generierter Abläufe humanen Verhaltens versagen.

Die beschriebene Arbeitsmethode setzt langfristig geschulte Sprachbegabung und entscheidendes

Sprachgefühl voraus. Wie man damit umgeht, kann man in meiner Studie „Goebbels, Hitler und das Machtproblem" nachvollziehen. Untersuchungen, die mit der „Soziologischen Sprachanalyse" unternommen werden, können in jedem Schritt nachvollzogen und somit auch kontrolliert werden. Sie können auch jederzeit auf ihre Wertigkeit und Verlässlichkeit eingeschätzt werden.

Forschungen aus der Gesamtperspektive der „Tiefensoziologie" sind dringend zeitnah erforderlich, um das menschliche Verhalten, das die Klimakatastrophe verursacht und immer weiter befördert, besser zu verstehen. Philosophen, Naturwissenschaftler aller Art, Physiker, Mathematiker und Ökonomen scheinen bei dieser Problematik, die eine klar soziologische ist, hilflos im Dunkeln zu tappen. Sie können nur den schon angerichteten und weiter fortschreitenden Schaden an den natürlichen Lebensgrundlagen der humanen „Basis-Gesamt-Gruppe" sowie an dieser selbst feststellen und Alarm schlagen. Der Wissensfortschritt der Soziologie hingegen ist deshalb blockiert, weil die prominenten Protagonisten dieses über zweihundert Jahre alten Faches auf dem falschen Fuß des „Homo Clausus" stehen und die Elias'sche Weiterentwickelung der Wissenschaftstheorie nicht verstehen können oder wollen.

Literatur

Krumrey, Horst-Volker. „Entwicklungsstrukturen von Verhaltensstandarden". Eine soziologische Prozeßanalyse auf der Grundlage deutscher Anstands- und Manierenbücher von 1870 bis 1970. Mit einem Vorwort von Norbert Elias. F. a. M. 1982. Suhrkamp.

Krumrey, Horst-Volker. „Goebbels, Hitler und das Machtproblem". Prozesse des machtbezogenen Verhaltens. Machteroberung, Machtbesitz und Machtverlust der Nationalsozialisten. Norderstedt 2018. Books on Demand.

Krumrey, Horst-Volker. „Entwurf einer machtbezogenen Theorie humaner Wirtschaftsprozesse" / „Einige soziologische Bemerkungen zur drohenden Klimakatastrophe aus der Perspektive einer machtzentrierten neuen Gesellschaftstheorie". Norderstedt 2020. Books on Demand.

Elias, Norbert. „Autobiographisches und Interviews". In: Gesammelte Schriften. Bd. 17. F. a. M. 2005. Suhrkamp.

Elias, Norbert. „Symboltheorie". In: Gesammelte Schriften Bd. 13. F. a. M. 2001. Suhrkamp.

Trotz des erheblichen und sich fortwährend ergänzenden nachgelassenen Vermögens von Prof. Dr. Dr. h. c. Norbert Elias, meines hochgeschätzten langjährigen Lehrers, droht die konkrete Gefahr, dass die von ihm geleistete epochale Weiterentwicklung der gesamten Menschenwissenschaften verlorengeht. Wer trägt die Verantwortung für die hierfür gewünschte Personalpolitik und somit auch dafür, dass immer noch die „Homo-Clausus"-Propheten hochbelohnt und hochverehrt machtvoll die Diskussion bestimmen?